Menu fille
ou
menu garçon ?

Pour Cléo

– Moi je crois qu'on peut être fille et garçon, les deux à la fois si on veut… Tant pis pour les étiquettes… on a le droit !
– Tu crois ?
– Bien sûr qu'on a le droit !…

Christian Bruel, Anne Bozellec,
Julie qui avait une ombre de garçon.

L'écriture de cette histoire a bénéficié du concours du Centre national des Lettres et de l'Agence Rhône-Alpes pour le Livre et la Documentation.

Responsable de la collection : Frédérique Guillard
Édition : Catherine Jardin
Direction artistique : Bernard Girodroux, Claire Rébillard, Laurence Moinot

© Éditions Nathan (Paris-France), 1996.

THIERRY LENAIN

Menu fille
ou menu garçon ?

Illustrations de Catherine Proteaux

NATHAN

C'était une belle journée avec du soleil.

On marchait dans la grande avenue et mon ventre gargouillait de plaisir.

– Halte ! a dit papa en s'arrêtant devant le Hit-burger.

Ah non, zut de zut de zut !
Il n'allait pas changer d'avis
au dernier moment !
– Heu… qu'est-ce qu'il se
passe, mon papounet chéri ?
ai-je demandé le plus
gentiment du monde.
– Je refuse d'entrer
dans cet endroit, a-t-il déclaré.
Il m'énerve, mon père,
à ne pas aimer les hamburgers
et tous les machins américains !

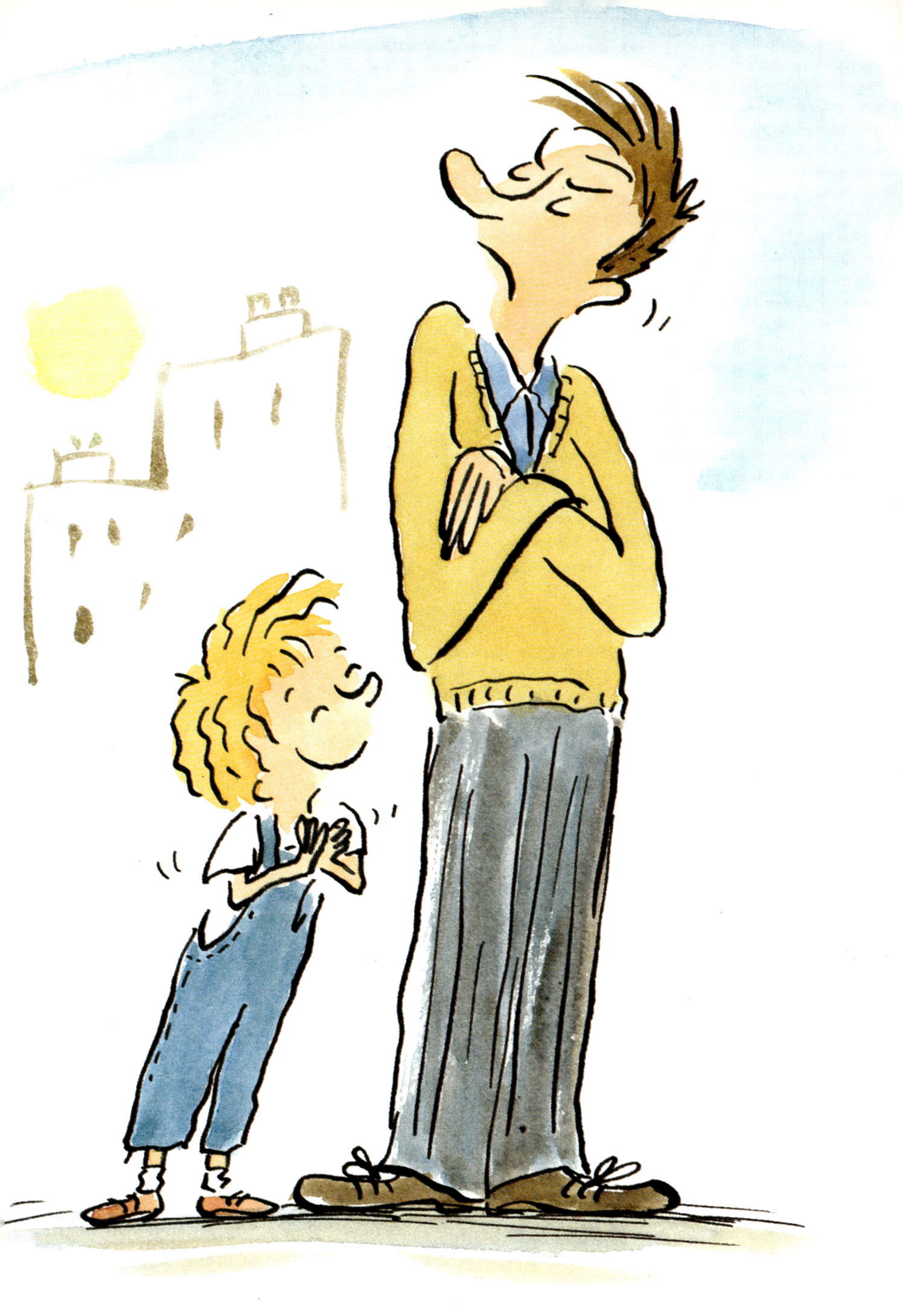

Mais qu'est-ce qu'il m'énerve !
J'ai respiré un grand coup :
– Papa, je sais. Je sais
qu'ils rasent des forêts
pour élever leurs steaks.
Je sais que leur Coca est plein
de sucre. Je sais que leurs frites
sont pleines d'huile. Je sais
que leur bière a un goût de pipi,
et leur café un goût d'eau
de vaisselle. JE SAIS !
Mais zut de zut de zut, papa,
tu m'avais promis !
　Autour de nous, les gens  
rigolaient. Je m'en fichais.
Je voulais mon Hit-burger.

Mon père a tendu un doigt
vers la vitrine :
– Il ne s'agit pas de forêts,
de Coca ou de frites, Léa.
Il s'agit de ÇA !

J'ai lu l'affiche : « Nouveau !
Menu garçon : les mini-fusées !
Menu fille : les mini-poupées !
Collectionne-les ! »

Non mais ! C'était quoi,
cette idée de menu garçon
et de menu fille,
et juste aujourd'hui ?
Ça allait tout faire rater !

Papa s'est agité sur le trottoir :
– Ce n'est quand même pas
monsieur Hit-burger qui va
décider que ma fille aura
une poupée parce qu'elle est
une fille, et que mon garçon
aura une fusée parce qu'il est
un garçon !

J'ai essayé de le calmer :
– Papa, je te signale
que tu n'as pas de garçon…
 Je n'ai pas insisté. Je trouvais qu'il avait raison.

Surtout que je suis une fille
qui déteste les poupées
et qui adore les fusées.
Mais je voulais quand même
mon menu, moi !
– Papounet chéri, je leur dirai
que je veux une fusée,
je te jure.
　Rassuré, papa a accepté d'entrer.
– Que désirez-vous ?
a demandé la serveuse.
– Pour moi, rien, a répondu
papa avec une mine dégoûtée.
Pour mon enfant… un menu
enfant.

Il avait dit « menu enfant »
exprès. Il attendait
que la serveuse demande :
– Menu fille ou menu garçon ?
Mais la serveuse n'a rien
demandé du tout. Elle a mis
une mini-fusée dans ma boîte.
Je trouvais que ça tombait bien,
et j'ai pensé : « Pourvu que
papa ne dise rien. »

Mais papa a dit :
– C'est une fusée que vous avez mise dans la boîte ?
– Ben oui, a fait la serveuse.
– Et pour quelle raison, s'il vous plaît ? a demandé papa.

Tout en me regardant, la serveuse a dit :
– Pourquoi, il veut une poupée ?

Aïe, aïe, aïe, j'ai senti venir la catastrophe !
– Ce n'est pas « il », a dit papa en me montrant, c'est « elle ».
La serveuse s'est excusée :
– Pardon, avec ses cheveux courts, j'ai cru que c'était un garçon.

Et elle a enlevé la mini-fusée
pour la remplacer
par une mini-poupée. Papa, lui,
a viré couleur tomate.
Il a demandé :
– C'est… une poupée que
vous avez mise dans la boîte ?
– Ben oui, a refait la serveuse.
– Et pour quelle raison,
s'il vous plaît ? a redemandé
papa.
　La serveuse commençait
à en avoir marre.
Elle a répondu :
– Parce que vous m'avez dit
que votre fille était une fille,
et pas un garçon !

Papa s'est mis à crier :
– Évidemment que ma fille est une fille ! Et elle veut une fusée ! Alors donnez-lui une fusée !

La serveuse a fait comme papa, elle a crié :
– Une fusée ! Mais c'est ce que j'avais mis tout à l'heure !

Pour crier plus fort qu'elle,
papa a hurlé :
– Tout à l'heure, vous avez mis
une fusée parce que
vous pensiez que ma fille était
un garçon ! Et moi je veux
que vous lui donniez une fusée
parce que ma fille est une fille
qui préfère les fusées !

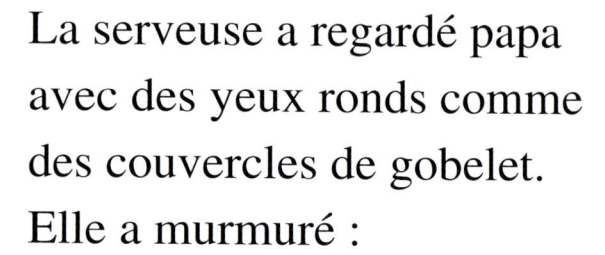

La serveuse a regardé papa
avec des yeux ronds comme
des couvercles de gobelet.
Elle a murmuré :
– Mais il est complètement
cinglé, celui-là…
Derrière nous, il y avait
la queue.
Un monsieur a protesté :
– Alors, ça avance ou quoi ?
On n'a pas que ça à faire !
La serveuse s'est mise
à trembler. Elle a plongé
une main dans le sac
des fusées, et l'autre
dans le sac des poupées.

Elle a ressorti cinq ou six jouets
de chaque sorte,
et elle a tout fourré dans ma boîte
avant de la refermer.

– Ça fait vingt-cinq francs,
a-t-elle marmonné
entre ses dents.

Papa devait penser d'elle
ce qu'il pensait des hamburgers.
Il a payé, et on a tourné
les talons. Le monsieur qui était
derrière nous, et qui en avait
assez d'attendre, a dit à papa :
– Au revoir… madame !

Là, j'ai senti que ça allait
tourner en bagarre générale.

D'ailleurs le vigile,
qui ressemblait à un boxeur,
s'est approché.
J'ai vite entraîné papa dehors.
De toute façon, il n'y avait plus
de raison de rester…

On est allés s'asseoir
sur un banc du square.
Pendant que papa pestait
contre tous les Hit-burger
de la terre, j'ai inspecté
l'intérieur de ma boîte.
Les mini-poupées, je pourrai
toujours les échanger
contre des billes à l'école.

J'ai regardé papa
et je lui ai dit :
– T'as raison, papounet chéri.
Faut pas laisser les autres
décider à notre place.
On a quand même le droit
d'être une fille comme on veut,
non ?
   Et j'ai mordu dans mon
hamburger.

Thierry Lenain

Il n'aime pas qu'on range les filles d'un côté et les garçons d'un autre. Il pense qu'il y a mille façons d'être un garçon et mille façons d'être une fille, et que c'est très bien comme ça. Mais depuis qu'il a écrit cette histoire, ses filles ne veulent plus qu'il entre dans un restaurant de hamburgers avec elles : elles ont peur qu'il se dispute avec la caissière !

Catherine Proteaux

Elle roule sur un joli scooter rouge qui rend jaloux bien des garçons ! Pour porter ses dessins à travers Paris, c'est très pratique. Son rêve serait de le transformer en mini-fusée pour aller encore plus vite !

Dans la même collection

Arnaud Alméras
Les vacances
de Calamity Mamie

Hubert Ben Kemoun
Tous les jours, c'est foot !

Nicolas-Jean Brehon
Un petit grain de rien du tout

Elsa Devernois
Qu'est-ce que tu me donnes
en échange ?

Thierry Lenain
Menu fille ou menu garçon ?

Geneviève Noël
Un super anniversaire

Ann Rocard
Le loup qui n'avait jamais vu
la mer.

Béatrice Rouer
Souris d'avril !

N° d'Éditeur : 10031249 - (1) - (8) - CSBP - 170 — Avril 1996
Impression et reliure : Pollina s.a., 85400 Luçon - n° 69515
ISBN 2-09-282400-7